I0842822